AF313277

MARIA MALIBRAN

PAR

ERNEST LEGOUVÉ

de l'Académie française.

PRIX : 75 CENTIMES

PARIS

J. HETZEL ET Cⁱᵉ, ÉDITEURS

18, RUE JACOB, 18

—

ÉTUDES
ET SOUVENIRS DE THÉATRE

—

LES INITIATEURS

———

MARIA MALIBRAN

PAR

ERNEST LEGOUVÉ

de l'Académie française.

PRIX : **75** CENTIMES

PARIS

J. HETZEL ET Cie, ÉDITEURS

18, RUE JACOB, 18

—

MARIA MALIBRAN

I

Les initiateurs! Je nomme ainsi ces natures privilé-
giées, ces êtres magnétiques qui font vibrer en nous
des cordes jusque-là muettes. Souvent on porte au de-
dans de soi, sans le savoir, des goûts, des dons, des
qualités qui dorment à l'état de germes latents; ils
existent, mais ils n'ont pas la force d'éclore tout seuls.

Passe par hasard sur notre chemin quelqu'un de ces
allumeurs d'âmes! Il nous parle, il nous interroge :
soudain, la lumière se fait en nous, la source jaillit!
Nous ne comprenions pas, nous comprenons ; nous
n'aimions pas, nous aimons : nous avons trouvé notre
chemin de Damas.

Personne de nous qui n'ait eu quelqu'une de ces
providentielles rencontres. Pour moi, je leur ai dû
beaucoup.

Trois goûts ardents ont partagé et enchanté ma vie :
les armes, les fleurs et la musique; tous les trois me sont

venus d'un initiateur. J'ai raconté, déjà, comment la rencontre de ce tireur de génie, appelé Bertrand, fit de moi plus que son élève, son adepte. Quant à mon goût pour les fleurs, je le tiens d'un pauvre jardinier de campagne, et peut-être un jour dirai-je ce que fut cet humble, qui m'apprit à aimer le *peuple des fleurs*.

Aujourd'hui, je ne veux m'occuper que de deux grands artistes qui m'ont soufflé au cœur la sainte ferveur musicale : Maria Malibran et Berlioz. Je serai forcé de parler un peu de moi, mais ce sera pour beaucoup parler d'eux; l'intime amitié qui m'a lié à tous les deux me permettra d'ajouter quelques traits précis et nouveaux à ces deux figures, dont l'une n'est déjà plus qu'un souvenir, et dont l'autre commence à entrer dans la légende.

Mon goût pour la musique ne se produisit qu'assez tard, étouffé par une singulière superstition de famille. La mémoire de mon père, le nom de mon père étaient pour moi l'objet d'un culte facile à comprendre; je n'avais pas de plus grande ambition que de lui ressembler, et mes parents entretenaient soigneusement en moi ce pieux désir. Or mon père n'aimait pas la musique et avait la voix fausse; aussi, quand au collège je parlais de prendre des leçons de solfège :

« C'est inutile, me répondait-on, ton père avait la voix fausse ! »

Je rengaînais immédiatement mon vœu. Je ne me croyais pas permis d'aimer ce que mon père n'aimait pas. Deux ans plus tard, j'avais seize ans alors, on me conduisit à l'Opéra-Comique, où l'on représentait le *Prisonnier* de Della Maria ; je fus touché de la grâce simple de certains accents, et je me hasardai à dire timidement :

« Il me semble que j'aime la musique.

— Mais non ! Mais non ! Ton père avait la voix faussé. » L'argument me parut encore sans réplique, et ma piété filiale exorcisa soudain cette velléité irréligieuse. Un an plus tard, je fus conduit à la *Dame blanche*. Le trio du premier acte m'enthousiasma, et je m'écriai : « Mais j'aime la musique !

— Mais non ! Ton père avait la voix...

— Oh ! je ne sais pas quelle voix avait mon père, mais je sais bien ce que je sens là ! Et j'aime la musique ! J'aime la musique !... J'aime la musique ! » Il fallut bien me permettre ce goût bizarre, et il continua à se développer doucement dans les régions tempérées de la musique d'opéra-comique, jusqu'au jour où une rencontre imprévue vint tout à coup changer mon goût en passion et me transporta violemment dans les régions supérieures de l'art. On parlait alors beaucoup à Paris de l'arrivée d'une jeune cantatrice, fille du célèbre ténor Garcia, femme d'un négociant américain, M. Malibran, et qu'on annonçait comme une rivale de Mme Pasta. Ma bonne chance me conduisit au Conservatoire à un concert de charité, le jour où elle chantait à Paris pour la première fois. La foule était immense, l'attente très vive. Placée sur l'estrade, au milieu des dames patronnesses, la nouvelle venue était l'objet de la curiosité générale. Rien de remarquable ni dans sa personne, ni dans sa physionomie. Sous la petite capote mauve où se cachait à demi sa figure, elle ressemblait à une jeune miss. Son tour de chanter étant venu, elle se lève, ôte son chapeau, et se dirige vers le piano, où elle devait s'accompagner elle-même. A peine assise, la transformation commence. D'abord, sa coiffure étonne par sa simplicité; pas de boucles, pas de savant échafaudage de cheveux; des bandeaux plats et lisses, dessinant la forme de la tête; une bouche assez grande, un nez plutôt court, mais un si joli ovale de figure, un si pur dessin de cou, d'épaules, que la beauté des traits était remplacée par la pureté des lignes; et enfin des yeux comme on n'en avait pas vu depuis Talma, des yeux qui *avaient une atmosphère*. Virgile a dit : *Natantia lumina somno,* des yeux nageant dans le sommeil; hé bien, Maria Malibran avait, comme Talma, des yeux nageant dans je ne sais quel fluide électrique, d'où le regard jaillissait à la fois lumineux et voilé, comme un rayon de soleil qui traverse un nuage. Ses regards semblaient tout chargés de mélancolie, de rêverie, de passion. Elle chante la romance du Saule, dans *Otello*. A la vingtième mesure, le public était conquis; à la fin de la première strophe, il était enivré; à la fin du morceau, il était fou. Quant à moi, j'éprouvai ce qu'éprouve un homme placé dans la nacelle d'un ballon captif, au moment où l'on coupe la corde. Une seconde auparavant, il se balançait doucement à quelques mètres du sol, et le voilà tout à coup lancé comme une flèche dans les sphères éthérées. C'est ce qui m'arriva. La musique, jusque-là, n'avait été pour moi qu'un art aimable, fait de grâce et d'esprit. Elle m'apparut tout à coup comme l'interprète le plus pur et le plus pathétique de la poésie, de l'amour, de la douleur. Un monde nouveau s'était ouvert devant moi, le monde de la grande musique dramatique; les représentations de la *Semiramide*, de la *Gazza ladra*, de *Tancrède*, achevèrent mon initiation; le génie de Rossini et le talent de la Malibran m'avaient servi d'initiateurs.

Je fis bientôt un pas de plus dans cet art, et ce fut encore la Malibran qui me le fit faire. Mon tuteur étant lié avec sa famille, je lui avais été présenté, et je fis bientôt partie des cavalcades d'amis qui l'accompagnaient dans ses promenades à cheval. Un jour, à Saint-Cloud où nous déjeunions, impatienté de la longueur du service, je m'écriai :

« Garçon, des assiettes ! »

Elle se retourne et me dit :

« Tiens ! vous avez un baryton.

— Qu'est-ce que ça, un baryton ?

— Une jolie espèce de voix. La vôtre est bonne, vous avez lancé sur le mot *assiettes* une note très vibrante ; prenez donc un maître. »

J'en pris deux : un maître de solfège et un maître de

chant, et c'est ainsi que j'entrai en communication
directe avec les chefs-d'œuvre de la musique dramatique, que je montai du rôle d'auditeur au rôle d'interprète, que ma passion devint une occupation et mon
plaisir un travail, que je passai successivement d'*Otello*
à *Don Juan*, de *Fidelio* à *Iphigénie en Tauride*, du *Mariage
secret* à *Freyschütz*, et qu'enfin je… Mais c'est trop parler
de l'initié, parlons de l'initiatrice.

II

Il y a dans les langues humaines certains mots qui
semblent formés de lumière, comme jeunesse, amour,
beauté. Eh bien, il y a dans l'art certains noms qui
rayonnent du même éclat. Telles sont Adrienne Lecou-
vreur, Mlle Rachel, Maria Malibran. Toutes les trois sont
mortes avant l'âge ; et cette fin prématurée, ajoutant à
leur talent le charme de l'inachevé, de l'interrompu, a
établi entre elles une sorte de parenté ; on les voit
volontiers comme trois sœurs de gloire.

Maria Malibran a trouvé dans Alfred de Musset un
chantre admirable. Les stances qu'il lui a consacrées
sont dans toutes les mémoires : mais ces stances di-
sent-elles tout ? Non. La poésie ne peut pas tout dire.
La poésie chante, elle n'analyse pas ; elle immortalise

les êtres supérieurs, mais elle les transfigure. Le détail
de leur caractère, de leur génie, leur nature intime
disparaît dans la grandeur du portrait. Certes Bossuet
n'a rien écrit de plus sublime que son oraison funèbre
sur Madame ; mais il y a place à côté pour le simple
et véridique récit de Mme de Lafayette. Le biographe ne
contredit pas l'orateur, il le complète ; il ne corrige pas
le portrait, il l'humanise. Les imperfections mêmes y
font partie de la ressemblance, et la vérité y ajoute sa
poésie à elle. Je voudrais faire pour Alfred de Musset ce
que Mme de Lafayette a fait pour Bossuet ; il a célébré
Maria Malibran, je voudrais essayer de la peindre.

Quel fut le trait distinctif de son talent ? La date de
son début à Paris peut nous aider à le trouver. Elle y
arriva vers 1829, c'est-à-dire en pleine révolution poétique, dramatique, pittoresque et musicale. *Hernani*,
Freyschütz, les symphonies de Beethoven, le *Naufrage
de la Méduse* avaient déchaîné, dans le domaine de l'art,
des puissances et des orages inconnus ; l'atmosphère
y était toute chargée d'électricité. Eh bien, la Malibran
fut le représentant de cet art nouveau, comme la Pasta
avait été l'interprète sublime de l'art classique. Même
dans les œuvres de Rossini, la Pasta mêlait à l'émotion
une dignité, une gravité, une noblesse, qui se ratta-
chaient à l'ancienne école. Elle était vraiment la fille
de Sophocle, de Corneille, de Racine ; la Malibran fut
la fille de Shakespeare, de Victor Hugo, de Lamartine,
d'Alfred de Musset. Tout dans son génie était spon-

tanéité, inspiration, effervescence; mais, en même temps, et là est un des côtés les plus caractéristiques de cette organisation si complexe, en même temps, par une contradiction singulière, la nature la condamnait à l'effort, au travail opiniâtre et sans cesse renouvelé. La fée mystérieuse qui avait présidé à sa naissance lui avait accordé tous les dons d'une grande actrice et d'une grande cantatrice, sauf un seul, un instrument complet. Alfred de Musset dit dans ses vers :

Ainsi nous consolait sa voix fraîche et sonore,

puis plus loin :

Où sont-ils, ces accents
Qui voltigeaient le soir sur ta lèvre inspirée,
Comme un parfum léger sur l'aubépine en fleur?

Eh bien, non, la voix de la Malibran ne voltigeait pas ! La voix de la Malibran n'avait rien d'un parfum léger, la voix de la Malibran n'était pas ce qu'on nomme une voix fraîche et sonore. Son organe pathétique et puissant était dur et rebelle. Quand la Sontag chantait, les sons s'échappaient de son gosier si limpides et si brillants qu'on eût dit un pur flot de lumière. La voix de la Malibran ressemblait au plus précieux des métaux, c'était de l'or, mais il fallait l'arracher du sein de la terre ; c'était de l'or, mais il fallait le dégager du minerai ; c'était de l'or, mais il fallait le forger, le frapper, l'assouplir, comme le fer sous le marteau. Je l'ai entendue, à Rome, un jour où elle devait jouer le *Barbier,* travailler pendant plusieurs heures les traits de sa cavatine, et de temps en temps elle s'interrompait pour interpeller sa voix, lui disant, avec une sorte de colère : « Je te forcerai bien à m'obéir !... » La lutte était donc chez elle un besoin, une habitude qui, jointe à sa ténacité indomptable et à son amour de l'impossible, prêtait un caractère bien plus puissant et bien plus original à son talent que le poète ne l'a dit ; il l'a amoindrie en supprimant l'effort.

Si l'on veut se rendre compte de ce qu'elle était, qu'on pense à quelle école elle avait été formée. Garcia, son père, joignait une véritable science de compositeur à un merveilleux talent de virtuose. Nourrit m'a raconté qu'avant de débuter, il alla lui demander des conseils.

« Quel morceau m'apportez-vous ?

— L'air du *Mariage secret, Pria che spunti.*

— Chantez. »

Arrivé au point d'orgue, Nourrit exécuta un trait d'un fort joli goût.

« C'est bien, faites-m'en un autre. »

Nourrit en fait un second.

« Faites-m'en un autre. »

Nourrit en fait un troisième.

« Faites-m'en un autre.

— Je suis à bout d'invention, répond Nourrit.

— Après trois points d'orgue ! Un vrai chanteur doit

en improviser dix, vingt s'il le veut, car il n'y a de vrai
chanteur que le vrai musicien. »

Tel fut le maître admirable, mais rude et rarement
satisfait, de la Malibran.

Un jour Garcia, après une heure de travail, lui
dit :

« Tu ne seras jamais qu'une choriste ! »

Redressant sa petite tête de quatorze ans :

« J'aurai plus de talent que vous, » lui répondit-elle.

Deux ans plus tard, c'était à New-York. Il entre dans
sa chambre et lui dit de cette voix devant qui tout
tremblait :

« Vous débuterez samedi, avec moi, dans *Otello*.

— Samedi ! mais c'est dans six jours !

— Je le sais bien.

— Six jours pour répéter un rôle comme celui de
Desdemona, pour m'habituer à la scène !

— Pas d'objections ! Vous débuterez samedi et vous
serez excellente, ou sinon, à la dernière scène..., quand
je suis censé vous frapper d'un coup de poignard, je
vous frapperai réellement ! »

Comment résister à un pareil argument? Elle répéta,
elle joua, elle eut un succès immense et trouva à la fin
un effet tout à fait inattendu, surtout pour son père.
Ceux qui ont vu la Malibran dans Desdemona, se rap-
pellent quel caractère nouveau elle avait imprimé au
personnage. Mme Pasta y était sublime, mais elle jouait
le rôle en femme de vingt ans. La Malibran lui en donna

seize. C'était presque une jeune fille. De là un charme
délicieux d'innocence, de faiblesse touchante, de naïveté
enfantine, mêlé d'explosions d'indignation ou de ter-
reur qui faisaient courir le frisson dans toute la salle.
A la dernière scène, quand Otello marche sur Desdemona, le poignard levé, la Pasta allait au-devant du
coup, forte de sa vertu et de son courage ; la Malibran
se sauvait éperdue, elle courait aux fenêtres, aux
portes, elle remplissait cette chambre de ses bonds de
jeune faon épouvanté ! or, le jour de son début, quand
son père la saisit au milieu de sa fuite et tira son arme,
elle entra si profondément dans son double personnage
d'artiste et de fille, l'expression effrayante des yeux
louches de son terrible père lui sembla tellement son
arrêt de mort, qu'arrêtant la main qui s'abaissait sur
elle, elle la mordit jusqu'au sang. Garcia poussa un
cri sourd de douleur qui passa pour un cri de fureur,
et l'acte s'acheva au milieu d'un délire d'applaudissements. Eh bien, la voilà tout entière ! La voilà telle
que le théâtre la faisait ! si violemment saisie parfois
par la situation dramatique qu'elle en était comme
possédée ! Ne pouvant pas toujours régler et annoncer
d'avance ce qu'elle ferait, car elle ne le savait pas toujours elle-même ! Disant aux divers Otello, qui lui ont
servi de partenaires : « Saisissez-moi où vous pourrez
à la dernière scène, car, dans ce moment-là, je ne
puis répondre de mes mouvements ! » N'ayant jamais
étudié ses attitudes, ses gestes devant une glace ; prise

à la scène par des inspirations étranges, qu'elle exécutait avec une audace qui lui servait d'adresse! Au
second acte d'Otello, dans la grande scène d'angoisse
où elle attend l'issue du duel, n'alla-t-elle pas un
jour prendre dans le groupe des figurants un pauvre
diable de comparse qu'elle n'avait pas prévenu, ne
l'amena-t-elle pas sur le devant de la scène, et là, ne
lui demanda-t-elle pas des nouvelles du combat, avec
un élan de désespoir et une passion qui couraient grand
risque d'exciter l'hilarité de la salle? eh bien, son im-
pétuosité, sa sincérité emportèrent tout. Le figurant fut
frappé d'une telle stupeur que sa stupeur le rendait
immobile, et que son immobilité lui servit de conte-
nance! Ce qui eût été ridicule avec une autre, fut sublime avec elle.

Or ces coups d'audace, dont son jeu était rempli,
elle les transportait dans son chant. Tentative péril-
leuse avec un organe parfois rebelle. Figurez-vous un
général voulant emporter une position au pas de course,
avec des troupes qui ne peuvent pas courir. Qu'arri-
vait-il alors? Un double effet très singulier. Son imagination était-elle calme, elle appelait à son aide sa
profonde science, car je n'ai pas connu de virtuose
plus habile, elle composait avec l'instrument réfrac-
taire, elle usait de tempérament, d'adresse, et le cava-
lier le plus expérimenté ne tire pas meilleur parti d'un
cheval qu'il faut ménager. Je me souviens qu'un soir,
au moment où elle partait pour aller jouer la *Ceneren-*

tola, un de ses amis lui ayant adressé cette phrase banale :

« Hé bien, madame, êtes-vous en voix ce soir? — En voix! répondit-elle gaiement, regardez!...» Et ouvrant la bouche, elle fit voir dans son gosier une de ces plaques blanches qui annoncent une esquinancie. « Comment! vous allez chanter avec ce gosier-là!

— Parfaitement. Oh! nous nous connaissons, lui et moi! Nous nous sommes assez souvent battus ensemble! et ce soir je le conduirai de façon à ce qu'il me conduise jusqu'au bout, sans que personne s'aperçoive de l'effort, excepté moi; venez, et vous verrez!» Elle le fit comme elle l'avait dit. Mais, si par malheur les défaillances de son instrument tombaient dans un de ses jours d'inspiration fougueuse et éperdue... oh! alors, tant pis pour l'instrument. Il s'engageait entre elle et lui un combat acharné. Elle n'admettait pas qu'il pût lui résister! Elle exigeait de lui tout ce qu'elle sentait en elle! Dût-il s'y briser, il fallait qu'il obéît! Parfois, sous le coup de cet effort héroïque, elle arrivait à des effets prodigieux, qu'elle n'eût pas obtenus peut-être s'il ne lui eût pas fallu les emporter comme on emporte le ciel, par la violence! mais parfois aussi, le plus faible était le plus fort, l'organe rebelle résistait, et elle tombait alors dans l'exagération... Hé bien, le croirait-on? ces inégalités mêmes ajoutaient un charme de plus à son talent, le charme de l'inattendu. On était toujours avec elle, dans un état violent, sous le coup

de la surprise. On pouvait la voir jouer vingt fois le
même rôle, elle n'y était jamais la même. Ce besoin de
l'imprévu, ce goût de l'aventure la jetaient quelquefois
dans des entreprises plus que téméraires, mais d'où
elle sortait toujours par je ne sais quel miracle de vo-
lonté. On l'a vue, à une représentation extraordinaire
d'*Otello*, chanter dans la même soirée Otello au premier
acte, Iago au second et Desdemona au troisième. Sa
voix était une voix de mezzo-soprano, voix placée,
comme on le sait, entre le contralto et le soprano. Hé
bien, un roi conquérant, serré entre deux royaumes
étrangers, n'est pas plus tourmenté du besoin d'entrer
chez ses deux voisins, que la Malibran de faire une
excursion dans les deux voix limitrophes de la sienne.
Ce mot limite lui était insupportable : il lui était impossible de comprendre qu'elle ne pût pas faire ce
qu'un autre faisait ; sa vie s'est passée à vouloir monter aussi haut que la Sontag et descendre aussi bas que
la Pisaroni. Quelle fut notre surprise de l'entendre un
jour exécuter un trille sur la note extrême du registre
du soprano : nous nous récriâmes.

« Cela vous étonne ? dit-elle en riant ; oh ! la maudite
note ! elle m'a donné assez de mal : voilà un mois que
je la cherche ! en m'habillant, en me coiffant, en mar-
chant, en montant à cheval ; enfin, je l'ai trouvée ce
matin, en attachant mes souliers.

— Hé ! où l'avez-vous trouvée, madame ?

— Là ! répondit-elle en riant, » et elle toucha

son front du bout du doigt, avec un geste charmant...
car un des traits caractéristiques de cette nature
étrange était d'envelopper toutes ses audaces dans je
ne sais quelle grâce souple, légère et naturelle. On
sentait que l'impossible était son domaine, elle s'y
jouait.

III

Les artistes ne ressemblent pas toujours à leur talent, et si différentes parfois sont leur imagination et
leur âme, qu'on dirait deux sœurs qui ne sont pas du
même lit. Corneille n'était héroïque qu'en vers ; Talma
était pusillanime. Chez Maria Malibran, la cantatrice et
la femme ne faisaient qu'un, du moins en face du danger. Même audace dans la vie et dans l'art. J'étais un
de ses cavaliers la première fois qu'elle est montée à
cheval. Dans le cours de la promenade se rencontra, sur
un des côtés de la route, un large fossé. Quand on ac-
compagne une femme comme elle, on fait volontiers
montre de son adresse. Un de nos amis, sportsman ac-
compli, franchit légèrement le fossé.

« Je veux le franchir aussi ! dit aussitôt la Malibran.

— Mais vous ne savez pas sauter, madame.

— Apprenez-le-moi.

— Mais votre cheval reculera devant cet obstacle.

— Le vôtre l'a bien franchi.

— Mais...

— Il n'y a pas de mais; puisque vous l'avez fait, je puis le faire ! »

Et la voilà, après quelques explications et indications sommaires, qui prend du champ, lance son cheval, franchit bravement le fossé et se retourne vers nous en riant et toute triomphante. Elle avait non seulement le dédain, mais la passion du danger. Pauvre femme ! Elle en est morte de cette passion-là. Elle descendait les côtes ravinées et pierreuses au triple galop; je partis un jour avec elle, sur un cheval noir, et je revins sur un cheval blanc, tant la course où elle nous avait tous entraînés toute la journée avait couvert nos montures d'écume. Revenus à six heures, nous nous retrouvâmes dans la soirée chez le comte Meroni, chez qui elle avait promis de chanter... sans demander quinze mille francs, car son concours était très souvent amical et gratuit. Elle chanta, comme elle avait monté à cheval, ou comme si elle n'avait pas monté à cheval. L'on se sépara à une heure du matin. Mon premier soin, en rentrant, fut de défendre à mon valet de chambre de me réveiller avant onze heures. A sept heures du matin ma porte s'ouvre :

« Qu'est-ce ?

— Un mot de Mme Malibran.

— Hé! bon Dieu! Qu'y a-t-il donc? »

J'ouvre et je lis :

« A neuf heures, à cheval, rendez-vous avec nos amis
« à la place de la Concorde ! »

Et quand on pense qu'il y a eu des gens assez fous
pour dire, et d'autres assez niais pour croire, que
l'ivresse était son génie, et qu'elle buvait du rhum pour
s'exciter. Voyez-vous ce volcan sur lequel il faut jeter
de la braise pour qu'il flambe !

Je lis dans Musset ces trois vers charmants :

> N'était-ce pas hier qu'enivrée et bénie,
> Tu traversais l'Europe une lyre à la main,
> Dans la mer en riant te jetant à la nage ?

Le poëte oublie d'ajouter qu'elle ne savait pas nager.
Un jour, en plein golfe de Naples, dans une promenade
qui devait se terminer par un bain, l'eau était si belle,
l'air si pur, qu'elle n'eut pas le courage d'attendre
qu'on fût arrivé plus près du bord, et, ouvrant tout à
coup son manteau qui cachait son costume, elle se
jette dans la mer. On s'étonne, on regarde, elle repa-
raît rose, riante, mais se soutenant très mal sur l'eau.

« Mais, madame, c'est de la folie ! Vous savez à
peine nager !

— Bah ! répond-elle gaiement, je savais bien que
vous ne me laisseriez pas noyer. »

Il faut ajouter que jamais la moindre prétention, le
moindre désir d'être remarquée ne se mêlait à ses
coups de tête ; c'était naturelle vaillance. J'ai là sous
les yeux une lettre écrite par elle de Londres, au mo-

ment de la révolution de Juillet. Elle regrette ne pas s'être trouvée à Paris, elle aurait voulu se battre, mourir pour la liberté. Toutes les grandes causes la tentaient, ces excentricités de courage n'étaient que les effervescences d'une âme de héros qui n'a rien à faire.

IV

Changeons de décor : nous voici à Paris, au printemps, rue de Provence, nº 46. Quatre heures viennent de sonner. Dans un petit salon, élégant sans recherche, une jeune femme, les cheveux tombant sur ses épaules, est assise devant une toilette, et achève de se coiffer. Autour d'elle, debout, ou accoudés sur la cheminée, cinq ou six hommes, parmi lesquels on peut remarquer Lamartine, Vitet et d'autres illustrations. La conversation est générale. La Malibran, tout en disposant ses fins cheveux bruns en bandeaux, selon sa mode qui devint bientôt celle de tout Paris, répond à chacun, et tient tête à tout le monde, gaiement, naturellement, sans jouer en rien à la Célimène. Jamais femme ne fut moins coquette. Je ne parierais pas que tous les assistants ne fussent pas plus ou moins amoureux d'elle; mais entre eux pas de jaloux, attendu qu'ils étaient tous aussi maltraités les uns que les autres. Au-dessus de cette vive causerie, vibraient les sons lointains d'un violon invisible qu'elle écoutait toujours, et cette musique mystérieuse couvrait pour elle toutes les paroles, même celles de Lamartine. Il apportait là son élégance, moitié militaire et moitié aristocratique, qui tenait du garde du corps et du gentilhomme, mais la *bonne enfantise* (qu'on me pardonne le mot) toute rieuse et toute primesautière de la diva faisait tomber bientôt tout apprêt. Elle avait, comme tous les musiciens, une grande aptitude pour apprendre les langues, et en parlait quatre avec une égale facilité.

Lamartine lui faisait compliment de ce don.

« Oui, dit-elle, c'est très commode. Je puis ainsi habiller mes idées à ma façon. Quand un mot ne me vient pas dans une langue, je le prends dans une autre ; j'emprunte une manche à l'anglais, une collerette à l'allemand, un corsage à l'espagnol...

— Ce qui fait, madame, un charmant habit d'arlequin.

— Oui, répliqua-t-elle vivement, mais il n'y a jamais de masque. »

Un autre assistant lui vantait un poète, aussi pauvre d'idées que riche de forme. « Ne me parlez pas de ce talent-là, dit-elle ; il fait un bain de vapeur avec une goutte d'eau. » Les louanges, les enthousiasmes jouaient naturellement un grand rôle dans la conversation ; elle y coupait souvent court avec une sorte d'impatience, surtout quand on avait la maladresse de l'exalter aux dépens de quelque autre grande artiste. Son admiration pour Mlle Sontag était sans bornes.

« Oh ! si j'avais sa voix ! disait-elle un jour.

— Sa voix ! sa voix ! reprit un des causeurs, oui sans doute, elle a une jolie voix, mais pas d'âme !

— Pas d'âme ! répondit vivement la Malibran, dites pas de chagrin ! Elle a été trop heureuse. Voilà son malheur ! J'ai une supériorité sur elle, c'est d'avoir souffert ; mais qu'il lui vienne un véritable sujet de larmes, et vous verrez quels accents sortiront de cette voix, que vous traitez dédaigneusement de jolie. » Un an plus tard, la Sontag, après un grand malheur, parut pour la première fois dans le tragique et pathétique rôle de doña Anna ! Elle y obtint un triomphe !

« Je vous l'avais bien dit ! » s'écria la Malibran.

Un dernier trait, pour peindre ce mélange de modestie et de confiance en elle qui la caractérisait. Je la rencontrai un jour dans la rue Taitbout. Nous nous arrêtons un moment à causer. Passe une voiture, et à la portière de cette voiture se précipite une tête de petite fille, qui lui envoie mille baisers :

« Qui est cette enfant ? lui dis-je.

— Cette enfant... c'est quelqu'un qui nous éclipsera tous, c'est ma petite sœur Pauline. »

Cette petite sœur est devenue Mme Viardot.

V

Maria Malibran fut-elle ce qu'on nomme une grande tragédienne ? Maria Malibran, sa voix s'éteignant, eût-elle pu se transformer en une grande tragédienne ? Il y a là une question artistique très délicate, et qui mérite un moment d'examen. Le monde confond volontiers deux arts qui se côtoient sans cesse, qui s'unissent parfois, mais qui, plus souvent encore, se séparent et même se contredisent : l'art du chanteur et l'art du comédien. La tragédie et l'opéra, la parole et le chant, la musique et la poésie ont leurs lois propres et leurs moyens d'action particuliers. Pour le véritable chanteur, le jeu n'est que le serviteur du chant, et si le serviteur gêne le maître, le maître le congédie. Dans une même situation théâtrale, le tragédien devra baisser les bras et le chanteur les lever ; le tragédien serrer à demi les lèvres et le chanteur ouvrir démesurément la bouche ; le tragédien s'agiter, et le chanteur rester immobile. Pourquoi ? Parce que la beauté du son, la pureté du son est la première loi du chanteur, et que la meilleure pantomime pour lui est celle qui fait le mieux sortir le son. Ne voit-on pas des cantatrices n'arriver à de certains effets de virtuosité qu'au prix des plus bizarres

contractions de visage ? hé bien, on n'aperçoit pas la
grimace, on n'entend que le son. L'artiste lyrique le
plus pathétique n'est jamais tragédien qu'à certains
moments, parfois même il ne l'est pas du tout. Quelle
voix humaine a fait verser plus de larmes que la voix de
Rubini ? Quel artiste tragique a plus remué les âmes ?
Pourtant, il n'était ni comédien, ni tragédien ; sa puissance d'expression résidait tout entière dans sa voix.
J'en ai vu une preuve bien singulière ; un jour, chez
un de ses amis, on lui demande de chanter la cavatine
du troisième acte de la *Sonnambula : Il più tristo frai
mortali,* où il s'élevait au plus haut degré d'émotion.
« J'y consens, dit-il, mais à une condition : c'est que
je chanterai, non dans ce salon rempli de monde, mais
dans cette petite chambre à côté. » On accepte ; il
chante, il nous arrache à tous des larmes. Or, qu'avait-
il fait en chantant sa cavatine? Il avait joué une partie
de cartes ! Ce n'était sans doute là qu'un tour de force
qu'il n'accomplit, il nous le dit lui-même, qu'avec un
grand effort ; mais il marque l'indépendance de ces
deux arts, l'art du chanteur, l'art du tragédien ; et voici
un exemple bien remarquable de leur différence. Nous
avons tous applaudi dans Roger le ténor de l'Opéra-Comique et de l'Opéra, un comédien plein d'esprit et d'émotion. Eh bien, quand vers la fin de sa vie il voulut aborder
un personnage de drame, il n'y réussit qu'à demi. Ses
habitudes d'artiste lyrique, transportées dans un rôle
parlé, lui donnaient un air non seulement étrange,

mais étranger ; *il avait de l'accent en jouant.* Je ne dirai
donc pas de Mme Malibran qu'elle fut une grande tragédienne, elle était trop grande cantatrice pour cela, et
son art la condamnait trop souvent à subordonner son
jeu à son chant ; je ne dirai pas davantage qu'elle eût
pu devenir une grande tragédienne, car je l'ignore ;
Qui sait si, privée de son génie musical, elle fût restée
toute elle-même? Samson, après avoir perdu sa cheve-
lure, n'était plus Samson. Mais ce qu'on peut affirmer,
c'est que jamais artiste lyrique ne mêla à l'interpréta-
tion musicale un tel feu, une telle grâce, une telle vi-
vacité de physionomie et de gestes.

A son exubérance de vie, à son effervescence de sentiments et d'actions, succédaient parfois tout à coup en
elle des jours d'accalmie et de silence. Pas de moro-
sité. Pas de tristesse. Mais une sorte de demi-sommeil.
Son imagination dormait jusqu'au moment où une cir-
constance imprévue, inexplicable parfois, venait la réveiller comme en sursaut, et alors, quel réveil !

VI

L'automne de 1832 reste dans ma mémoire comme
marqué d'un signe lumineux. C'est l'époque de mon
premier voyage à Rome. Mes journées se passaient à
visiter les monuments, les musées, les palais, les ruines,

les rues, et chaque soir j'allais à la Villa Medici, à l'Académie de France, dirigée alors par Horace Vernet. Il en était l'honneur, sa femme la bonne grâce et sa fille la grâce. Mlle Louise Vernet semblait à la Villa Medici être dans son cadre naturel. Avec son pur visage de camée antique, poétisé par je ne sais quel reflet des vierges de Raphaël, elle passait au milieu de toutes ces belles statues de l'antiquité ou de la Renaissance, comme une jeune Romaine de plus. Je n'oublierai jamais le premier jour où je la vis. J'étais au Colysée, seul, assis sur le dernier gradin de l'amphithéâtre, la tête basse et cherchant sur le sol, avec l'œil de la pensée, comme dit Shakespeare, la trace des générations disparues. Je lève les yeux et, tout en haut du cirque, je vois apparaître entre deux arceaux brisés, se confondant avec le ciel, une jeune fille éblouissante de beauté, qui se mit à descendre lentement vers les degrés inférieurs; il me sembla voir une prêtresse de Vesta, qui venait prendre sa place dans la loge réservée à ses pieuses sœurs.

Nos soirées à la Villa Medici se passaient dans un amusement toujours varié. Parfois Mlle L. Vernet prenait le tambour de basque et dansait le saltarello avec son père, qui semblait son frère. Tantôt Horace allait chercher l'œuvre gravée du Poussin (le Poussin était son maître préféré) et nous expliquait le sens, le secret de ses compositions, toujours si profondes de pensée. Rien de plus curieux que de voir ce puissant génie interprété

par cet actif esprit. La perçante et agile imagination
d'Horace explorait dans tous ses recoins l'œuvre aus-
tère du maître, à la façon des écureuils courant à travers les ramures noueuses d'un grand chêne, et s'y
logeant dans mille abris mystérieux. Un jour, nous exa-
minions la gravure du tableau représentant Jésus-
Christ guérissant les aveugles.

« Qu'est-ce qui vous frappe le plus dans ce chef-
d'œuvre ? me dit-il.

— La figure du Christ.

— Sans doute, elle est admirable de noblesse émue ;
mais après ?

— Les expressions des diverses têtes.

— Sans doute, elles sont toutes vraies, touchantes ;
mais après ?

— L'ordonnance du tableau, le groupement des personnages, leurs attitudes.

— Sans doute, toutes les parties de l'ensemble se
fondent en une merveilleuse beauté de lignes, et
j'ajoute encore que la figure, les bras, les mains du
second aveugle, ardemment tendues vers le Christ, ont
une puissance d'émotion que nul autre artiste n'a dé-
passée ; et pourtant, là n'est pas encore le trait carac-
téristique du tableau.

— Où donc est-il ?

— Ici, me dit-il en me désignant du doigt les marches d'une maison figurée dans un coin de la toile.

— Sur ces marches ?

— Oui, sur ces marches... Ne voyez-vous pas, jeté en travers des degrés, un bâton ?

— Oui. Eh bien ?

— Eh bien !... ce bâton, c'est celui de l'aveugle qui était assis un moment auparavant devant cette maison ; mais, à peine l'arrivée du Christ annoncée, il s'est senti si transporté d'espoir, si sûr de sa guérison, qu'il a jeté là son bâton comme désormais inutile, et a couru vers son Sauveur comme s'il était déjà sauvé ! Quelle image saisissante de la foi ! Si Le Poussin a voulu, comme je le crois, représenter dans ce tableau la confiance du monde en la toute-puissance du Christ, sa pensée n'est-elle pas tout entière dans ce bâton ? »

Parfois, à ces causeries sur l'art, succédaient des concerts improvisés. Quelle fut donc ma surprise et ma joie, en arrivant un soir à la Villa Medici, d'y trouver, qui ? La Malibran. Je vois encore le petit tableau d'intérieur qui s'offrit alors à moi. La Malibran était assise à côté de la table et travaillait. En face d'elle, tout près d'elle, plus bas qu'elle, presque à ses genoux, Mlle L. Vernet, placée sur un petit pouf en tapisserie, l'écoutait les yeux levés. La lampe projetait sa lumière circonscrite par l'abat-jour et arrondie en auréole, sur ces deux visages, dont l'un représentait la beauté dans toute sa fleur, l'autre le génie dans tout son éclat ; tous deux, la jeunesse ! A mon premier mouvement de surprise succéda bientôt un espoir, que je communiquai tout bas à Mlle Vernet.

« Ne vous réjouissez pas trop tôt, me répondit-elle. Elle ne chantera pas. Elle est dans une de ses phases de silence. Voilà trois soirées où il n'est pas possible de lui arracher une note. Elle arrive, très gracieuse, très souriante, elle s'assied à la place où vous la voyez, elle prend sa tapisserie, et s'absorbe dans sa pantoufle comme si c'était une partition de Mozart; la grande artiste a fait place à une petite bourgeoise. »

Le quatrième jour, pourtant, la conversation étant tombée sur lord Byron, que Mlle L. Vernet admirait beaucoup, on alla chercher *Child Harold*, on prit le quatrième chant, le chant consacré à Rome, et, comme nous savions tous l'anglais, la soirée se passa à lire, à traduire, à réciter les plus belles strophes ; la Malibran, pleine de feu, d'intelligence compréhensive, mêlait à nos enthousiasmes l'originalité de ses remarques ; mais il ne sortit de son gosier que des paroles, et quand nous nous séparâmes à une heure du matin, Horace dit en riant :

« Allons ! Il faut nous résigner ! L'oiseau prophète est encore en voyage. »

VII

Le lendemain, nous nous étions tous donné rendez-vous à la villa Pamphili. Les après-midi d'octobre

sont admirables à Rome, plus parfumées et plus
pénétrantes encore que les matinées de printemps. La
Malibran arriva, toujours songeuse. Le cours de la promenade nous amena dans un recoin très ombreux et
arrondi comme un petit cirque de verdure. Sur le sol,
un fin gazon; de chaque côté, de grands pins parasols
entremêlés d'arbousiers; au fond, une source et une
fontaine; la source tombait dans un petit bassin de
granit; la fontaine était surmontée d'une plate-forme
où l'on arrivait de deux côtés par huit ou dix marches
de marbre. La fraîcheur de l'eau, la chaleur du jour
tentèrent la Malibran, qui courut, comme une enfant,
mettre sa tête sous ce flot de source, et en ressortit
bientôt les cheveux tout mouillés. L'eau ayant défait ses
bandeaux, elle secoua, pour les sécher, ses cheveux
qui tombèrent éparpillés sur ses épaules, et le soleil,
perçant le feuillage des pins et des arbousiers par
petites flèches d'or, faisait étinceler çà et là les gouttes
d'eau cristallisées sur sa tête, et y jetait comme un
semis d'étoiles. En relevant le front, elle aperçut la
plate-forme qui surmontait la fontaine. Quelle pensée
traversa alors son esprit? Je ne sais, mais sa physionomie changea subitement, le rire disparut et fit place à
une expression étrange et sérieuse; elle fit un pas vers
les dix marches de marbre, les monta lentement, ses
cheveux toujours sur ses épaules, et, arrivée sur la
plate-forme, d'où elle nous dominait tous, elle se
tourna vers le ciel et entonna l'hymne à Diane de

Norma, *Casta diva!* Était-ce la surprise, la singularité
de cette mise en scène, le plaisir d'entendre dans un
tel lieu cette voix, inentendue depuis quelque temps?
Elle-même, fut-elle émue la première par son appari-
tion sur cette sorte de piédestal? Nul ne peut le dire;
mais ses accents, en se prolongeant sous la voûte des
arbres, en se mêlant au bruit de l'eau, au souffle de
l'air, à toutes les splendeurs de ce jardin, avaient je ne
sais quoi de grandiose, qui nous saisit au cœur; les
larmes nous coulaient à tous des yeux; aperçue ainsi,
au-dessus de nous, dans cet encadrement de ciel et de
feuillage, elle nous faisait l'effet d'un être surnaturel;
quand elle redescendit, son visage gardait encore une
expression de gravité sérieuse, et nos premières paroles
d'enthousiasme furent comme empreintes d'un respect
religieux.

VIII

Une telle scène, si propre à peindre cette étrange
nature, semble devoir être unique dans la vie d'un
artiste. Il me fut pourtant donné d'assister encore une
fois, quatre ans plus tard, à un de ces réveils de génie
qui faisaient explosion en elle comme un jet de feu et
de lumière.

C'était en 1836. Elle vint à Paris pour la célébration
de son mariage avec Bériot. Ses voyages, ses absences,

avaient interrompu nos relations, sans interrompre notre amitié. Elle me demanda d'être un des assistants de son mariage à la mairie. Quand l'officier prononça la phrase du Code : *La femme doit obéissance à son mari*, elle fit une petite moue si gaie, avec un petit haussement d'épaules si drôle, que le maire lui-même ne put s'empêcher de sourire. Le soir on se réunit chez l'éditeur Troupenas, rue Saint-Marc, pour passer une amicale soirée d'artistes; Thalberg avait promis d'y assister. Il n'avait jamais entendu la Malibran, et elle ne le connaissait pas non plus. Le soir, à peine arrivée, elle va vivement à lui et le presse de se mettre au piano :

« Jouer devant vous, avant vous, madame, oh! c'est impossible ! j'ai trop envie de vous entendre !

— Mais vous ne m'entendrez pas, monsieur Thalberg. Ce n'est pas moi qui suis là! C'est une pauvre femme, accablée des fatigues de la journée! Je n'ai pas une note dans le gosier! Je serais exécrable !

— Tant mieux ! Cela me donnera du courage.

— Vous le voulez ! Soit ! »

Elle tint parole. Sa voix était dure, son génie absent. Sa mère lui en faisant reproche :

« Ah! que veux-tu, maman? On ne se marie qu'une fois !... »

Elle oubliait qu'elle avait épousé M. Malibran dix ans auparavant.

« A votre tour maintenant, monsieur Thalberg.

Il ne s'était pas marié le matin, lui, et, la présence d'une telle auditrice l'excitant sans le surexciter, il déploya dans toute sa souplesse et toute son ampleur cette richesse de sons qui faisait de son piano le plus harmonieux des chanteurs. A mesure qu'il jouait, la figure de la Malibran changeait, ses yeux éteints s'animaient, sa bouche se relevait, ses narines s'enflaient. Quand il eut fini : « C'est admirable! s'écria-t-elle. A mon tour! » Et elle commence un second morceau. Oh! cette fois! plus de fatigue! plus de langueur! Thalberg, éperdu, suivait, sans pouvoir y croire, cette métamorphose. Ce n'était plus la même femme! Ce n'était plus la même voix! Il n'avait que la force de dire tout bas : « Oh! madame! madame! » et le morceau achevé : « A mon tour! » reprit-il vivement. Qui n'a pas entendu Thalberg ce jour-là ne l'a peut-être pas connu tout entier! Quelque chose du génie de la Malibran avait passé dans son jeu magistral mais sévère, la fièvre l'avait envahi. Des flots de fluide électrique couraient sur les touches et s'échappaient de ses doigts! Seulement, il ne put pas achever son morceau. Aux dernières mesures, la Malibran éclata en sanglots, sa tête tomba entre ses mains, secouée convulsivement par les larmes, et il fallut l'emporter dans la chambre voisine. Elle n'y resta pas longtemps; cinq minutes après elle reparaissait, la tête haute, le regard illuminé, et courant au piano: « A mon tour! » s'écria-t-elle; et elle recommença ce duel étrange, et elle chanta quatre morceaux de suite, grandissant toujours, s'exaltant toujours, jusqu'à ce qu'elle eût vu le visage de Thalberg tout couvert de larmes comme avait été le sien, et nous laissant tous sous le coup du spectacle de ces deux grands artistes inconnus l'un de l'autre, se révélant tout à coup l'un à l'autre, luttant l'un avec l'autre, s'électrisant l'un l'autre, et s'élevant, emportés l'un par l'autre, dans des régions de l'art où ils n'étaient peut-être jamais parvenus jusque-là.

IX

Quelques mois après, elle était morte.

De quoi mourut-elle?

Écoutons Alfred de Musset :

> Ah! tu vivrais encor sans cette âme indomptable!
> Ce fut là ton seul mal : et le secret fardeau
> Sous lequel ton beau corps plia comme un roseau.
> Il en soutint longtemps la lutte inexorable;
> C'est le Dieu tout puissant, c'est la muse implacable
> Qui dans ses bras en feu l'a portée au tombeau.
>
> Ne savais-tu donc pas, comédienne imprudente,
> Que ces cris insensés qui te sortaient du cœur
> De ta joue amaigrie augmentaient la pâleur?
> Ne savais-tu donc pas que sur ta tempe ardente
> Ta main de jour en jour se posait plus tremblante,
> Et que c'est tenter Dieu que d'aimer la douleur?

> Ne sentais-tu donc pas que ta belle jeunesse
> De tes yeux fatigués s'écoulait en ruisseaux,
> Et de ton noble cœur s'exhalait en sanglots?
> Quand de ceux qui t'aimaient tu voyais la tristesse,
> Ne sentais-tu donc pas qu'une fatale ivresse
> Berçait ta vie errante à ses derniers rameaux?

Voilà certes d'admirables vers! La parole de Bossuet ne monte pas plus haut et ne va pas plus loin. Mais oserai-je le dire? Le poëte ressemble ici à l'orateur et cette ode n'a guère qu'une vérité d'oraison funèbre. Non! La Malibran n'a pas plié comme un roseau sous l'étreinte de la Muse. Non, elle ne concentrait pas son génie dans un corps brisé. Non, elle n'est pas morte consumée par son âme, son génie et sa gloire! Sa gloire? Elle la portait légèrement. Son génie? Il était pour elle le flambeau qui échauffe, et non la torche qui dévore. Son âme? Elle avait une force propre qui la soutenait au lieu de l'abattre. Sans doute des larmes véritables coulaient de ses yeux quand elle chantait la romance du Saule. Sans doute, c'étaient bien des cris insensés qui lui sortaient du cœur. Mais sa joue n'en était pas amaigrie; sa main ne se posait pas chaque jour plus tremblante sur sa tempe. Elle appartenait à cette virile race des Garcia, faite pour la lutte et la conquête! Ces créatures électriques ne s'épuisent pas plus à se répandre, qu'un foyer de lumière à rayonner. Elles vivent de ce qu'elles dépensent. Ce qui les tuerait, c'est le repos. La mort a saisi la Malibran en pleine puissance d'elle-même. Elle n'est pas morte d'enthousiasme, elle est morte d'une chute de cheval. Je n'hésite pas à opposer ainsi brutalement la prose à la poésie. Car, selon moi, c'est faire tort à ces organisations exceptionnelles que de vouloir les ramener à une sorte d'*unité poétique*. Elles sont plus riches que cela! Leur grandeur est dans leur complexité et dans leurs contrastes. Faisons donc un pas de plus dans l'étude de cette personne vraiment singulière. Chez la Malibran, il y avait antithèse entre son imagination et son cœur. Rien de plus fougueux, rien de plus éperdu que cette imagination, et quand elle se joignait à ce caractère aventureux que j'ai essayé de peindre, ils formaient bien, à eux deux, l'attelage le plus indomptable qui se pût voir! Mais le troisième cheval, car chacun de nous, est un char conduit par trois chevaux.... l'esprit, le caractère et le cœur... Hé bien, chez la Malibran, le cœur était d'une toute autre race que les deux autres. Plus affectueux que passionné; plus tendre qu'ardent, *gentle*, comme disent les Anglais. Son cœur la reposait de son imagination. Dans sa vie, dans ses affections, aucune de ces excentricités éclatantes, aucun de ces désordres tapageurs, de ces capricieuses extravagances qui semblent presque commandées, dit-on, par leur nature, aux artistes d'inspiration. L'irrégularité même, chez elle, était régulière, et elle se hâta, le plus tôt qu'elle put, d'achever de la régulariser complètement.

Un livre très curieux que vient de publier, sur miss Fanny Kemble, Mme Augustus Craven, jette un jour tout nouveau sur les âmes d'artistes; on voit combien elles abondent en contrastes. Cette grande famille tragique des Kemble en est pleine. Mrs Siddons, la pathétique Juliette, la touchante Desdemona, la poétique Portia, l'implacable lady Macbeth, poussait les vertus de famille jusqu'à l'austérité. Miss Fanny Kemble avait à la fois le génie et l'aversion du théâtre. A peine le pied sur la scène, elle était tellement saisie par l'inspiration tragique, qu'on eût dit que de dessous ces planches s'échappaient des vapeurs enivrantes comme celles qui entouraient le trépied de la Pythie antique ! Mais à peine hors de la coulisse, toutes ses pudeurs farouches de jeune fille la reprenaient. Voir son nom sur une affiche, lui faisait honte! Peindre des sentiments qui n'étaient pas les siens, lui faisait honte! Paraître dans une assemblée publique, lui faisait honte! Être applaudie, lui faisait honte! Elle aurait volontiers pris les bravos pour une familiarité choquante. Si complexes sont ces natures étranges, qu'elles échappent à tout moment à la logique psychologique, par quelque contradiction qui déroute. On en pourrait citer qui ont comme deux âmes, un âme de théâtre, qu'elles laissent dans leur loge avec leur costume, et une âme de ville qu'elles retrouvent à la maison avec leurs habits. Mme Ristori ne nous a-t-elle pas donné un exemple inconcevable de cette dualité? Je n'ai pas connu de tragédienne plus effervescente, plus bouillante, plus possédée par le démon tragique. Or, quand elle vint à

Paris pour la première fois, elle nourrissait encore son dernier enfant. Hé bien, les jours de représentations, elle emmenait son baby au théâtre, le couchait dans sa loge et allait lui donner le sein dans les entr'actes de *Myrrha*. *Myrrha!* c'est-à-dire la plus monstrueusement passionnée des œuvres dramatiques! Son rôle de nourrice faisait-il tort à son rôle de tragédienne? Nullement. Son rôle de tragédienne faisait-il tort à son rôle de nourrice? Pas davantage. Son art et son lait formaient ensemble le meilleur ménage, et l'un ne faisait pas tourner l'autre. Sans doute, je cite là un fait exceptionnel, et que peut seule expliquer la puissance d'organisation de Mme Ristori. Mais les rapports d'amitié avec la Malibran nous révélaient ainsi en elle mille nuances, mille douceurs, mille contrastes de sentiments tout à fait inattendus. Quoiqu'elle fût l'image même de la vie, et que l'enjouement pût passer pour un des traits de son caractère, l'idée de la mort lui était souvent présente. Elle disait toujours qu'elle mourrait jeune. Parfois, comme si elle eût senti tout à coup je ne sais quel souffle glacé, comme si l'ombre de l'autre monde se fût projetée dans son imagination, elle tombait dans d'affreux accès de mélancolie, et son cœur se noyait dans un déluge de larmes. J'ai là sous les yeux ces mots écrits par elle : « Venez me voir tout de suite ! J'étouffe de sanglots ! Toutes les idées funèbres sont à mon chevet et la mort à leur tête. »

X

Elle était partie pour Londres au printemps. Un des plus hauts personnages de l'aristocratie, sachant son goût pour l'équitation, avait mis tous ses chevaux à son service. Il y en avait un qu'on appelait le roi de l'écurie, et qui était aussi redoutable que charmant. Elle voulut le monter. Les sages remontrances de ses amis lui conseillaient en vain la prudence. Le danger ne fut pour elle qu'une tentation de plus. Le cheval la renversa, et sa chute la meurtrit cruellement. Elle défendit absolument qu'on avertît Bériot, et continua ses représentations. Si douloureuses étaient les contusions dont son corps était couvert, que, trois jours après, à une représentation de *Tancrède*, au moment où elle monte sur un de ces chars de triomphe comme il n'en existe qu'au Théâtre-Italien, le figurant qui lui donnait la main pour descendre, l'ayant touchée au coude, elle ne put retenir un cri de douleur. Lablache, de qui je tiens tous les détails de ce récit, fit bientôt la remarque que ses crises de tristesse se rapprochaient beaucoup; les larmes lui jaillissaient parfois des yeux sans motif. Un jour, elle allait avec ses camarades essayer un nouvel orgue dans une petite ville voisine de Londres; la Grisi ne trouva rien de mieux que de jouer sur ce magnifique instrument le rondeau des *Puritains*. La Malibran prit vivement sa place et effaça sur les touches la trace de ce profane chant par un air sublime de Hændel, car elle était aussi versée dans les œuvres les plus sévères que dans les plus brillantes. Seulement, elle s'arrêta tout à coup, avant la fin du morceau, et resta devant le clavier, immobile et perdue dans ses pensées. Quelques jours plus tard, on annonce un grand festival pour une œuvre de charité. Elle avait promis son concours. Quoique plus souffrante encore que de coutume, elle arrive au concert et chante. Son succès fut un triomphe. Mais en sortant de scène elle tomba à demi évanouie. Le public la rappelle avec passion et crie *bis* avec frénésie. Toujours évanouie, elle ne peut reparaître; les cris redoublent. Le régisseur s'apprête à entrer en scène pour annoncer au public la triste impossibilité où se trouvait l'artiste de se rendre au vœu général; mais les rappels, les bravos, les bis sont arrivés jusqu'à elle à travers les flottantes images du réveil. Elle arrête le régisseur, l'écarte, se lève, rentre en scène, et avec cette sorte d'énergie fiévreuse qui ressemble à ce qu'on appelle sur le champ de bataille la *furia francese,* elle recommence le morceau. L'effet produit sur l'auditoire, on le devine; seulement, à peine rentrée dans la coulisse, elle s'affaisse sur elle-même et on l'emporte au foyer. Bériot, qui devait jouer immédiatement après elle, entre en scène par la porte du milieu, au moment où

on l'emportait par la coulisse, et, par conséquent, il
ne vit rien et ne sut rien. A peine est-elle arrivée au
foyer :

« Un médecin ! un médecin ! » cria-t-on de toutes
parts.

Il s'en trouvait un là, par hasard.

« Il faut la saigner à l'instant, dit-il, ou elle peut
mourir étouffée en une seconde.

— Ne la saignez pas ! s'écrie Lablache, je vous le dé-
fends ! Je sais que dans l'état où elle se trouve, une
saignée peut lui être mortelle.

— Et moi, je vous dis, reprit le médecin, qu'elle est
morte si on ne la saigne à l'instant. — C'est au nom
de Bériot que je parle ! répond Lablache, lui seul peut
décider. Il est en scène, il joue, je vais le chercher ! »
Lablache se précipite dans les coulisses. Bériot venait
d'attaquer l'allégro de son air varié, il exécutait, au
milieu des acclamations de la salle, ces pizzicatos, ces
arpèges, ces vocalises de l'archet, qui faisaient de lui
le plus gracieux, le plus élégant, le plus coquet des
grands artistes.

Lablache frémissait d'impatience sur le seuil de la
coulisse ! Exaspéré par le contraste affreux de ces jolies
virtuosités du violon avec la terrible scène du foyer, il
piétinait sur place, tendait les mains vers Bériot, l'appelait tout bas, mais sa voix se perdait dans les cris
d'enthousiasme de la salle. Enfin, le morceau est fini;
Lablache va pour s'élancer... Mais on a demandé *bis*...

et l'allegro recommence... Et cinq minutes s'écoulent encore, jusqu'à ce qu'enfin, Bériot étant sorti de la scène, Lablache le prend, l'entraîne, l'emporte et entre avec lui au foyer. Que voient-ils? La Malibran assise sur un grand fauteuil, les deux bras nus et pendants, les yeux fixes et vitreux, le visage blanc comme du marbre et les deux veines ouvertes! Le sang qui coulait lentement le long de ses bras la faisait ressembler à une victime! Trente-six heures après, il ne restait plus de Maria Malibran qu'un nom.

XI

Et maintenant, disons avec Musset :

Meurs donc! ta mort est douce et ta tâche est remplie!

Il a raison, elle a bien fait de mourir! Que lui réservait la vie? Rien que des douleurs. Une actrice peut vieillir; son talent ne se flétrit pas avec son visage. L'âge le renouvelle en la métamorphosant. Sa vie théâtrale n'est qu'une succession de transformations heureuses. Elle passe, dans ses rôles, des ingénues aux jeunes filles, des jeunes filles aux femmes, des femmes aux mères, des mères aux aïeules, et il y a place pour le succès et l'art dans chacun de ces changements; le talent de l'actrice peut avoir des cheveux blancs. Mais la cantatrice! elle est condamnée à la jeunesse! A peine entrée dans la maturité, elle ressemble à ces arbres en pleine verdure, qui portent à leur cime une branche flétrie. Sa voix meurt en elle, bien longtemps avant elle. Quel supplice! Se sentir ainsi attachée toute vivante à un cadavre! Être jeune de corps, jeune de visage, jeune d'intelligence, jeune de talent, jeune de cœur, et traîner après soi, comme un boulet, cet organe qui se détruit, cet instrument qui se brise, ce son qui vous trahit. Les voix de pur cristal, comme l'Alboni, la Sontag, Mᵐᵉ Damoreau, pour ne citer que les noms disparus, ont des sursis de jeunesse; mais l'organe de la Malibran était destiné à une destruction prompte. Qu'aurait-elle fait? Se déclarer vaincue? se condamner au silence? Elle en était incapable. Elle aurait engagé avec l'âge un combat désespéré!... Elle aurait lutté contre les rides de sa voix, comme les femmes du monde contre les rides de leur visage. Spectacle navrant! Elle a bien fait de mourir! Elle s'est envolée, pareille à l'ange de Tobie dans l'admirable tableau de Rembrandt, laissant après elle un long sillon de lumière, et sa mort prématurée a assuré l'immortalité de son souvenir; Alfred de Musset l'a chantée!

POST-SCRIPTUM

Complétons maintenant cette étude sur Mme Malibran, en la laissant parler elle-même. Ce post-scriptum, formé de quelques fragments de lettres, et d'un court récit, sera une sorte de pièce justificative, un *garanti ressemblant,* mis au bas du portrait.

J'ai dit qu'elle portait légèrement son art et sa gloire. Or voici ce que je lis, dans une lettre datée de Naples, en 1834, deux ans avant sa mort : « Je suis la plus « heureuse des femmes! L'idée de changer de nom me « fait tant de bien! Ma santé est parfaite, et quant à « ma fatigue du théâtre, c'est, pour moi, *un sorbet !* »

Dans une autre lettre elle ajoute, avec la singularité d'expressions qui lui était propre : « Ma voix est *sten-* « *toresque,* mon corps *falstaffique,* mon appétit *canniba-* « *lien.* »

L'annulation de son mariage avec M. Malibran fut la grande affaire de sa vie. Elle la poursuivit pendant plusieurs années, au milieu de mille angoisses. Son ardent désir était de quitter ce nom qu'elle avait illustré, et d'en reporter tout l'éclat sur l'autre nom, déjà illustre, qu'elle aspirait à prendre. Elle y réussit, grâce aux soins intelligents et dévoués de M. Cottinet, avoué, le père de M. Edmond Cottinet, notre spirituel confrère,

qui a déjà montré tant de talent, et qui en a encore
plus qu'il n'en a montré.

Les lettres de Mᵐᵉ Malibran à Mᵐᵉ Cottinet sont plei-
nes des plus vives et des plus tendres expressions de
reconnaissance. Ce cœur, si affectueux, dont j'ai parlé,
s'y montre tout entier : « Jamais de ma vie, dit-elle,
« je n'oublierai les chers êtres qui se sont intéressés à
« moi comme à leur propre fille ! N'est-ce pas que je
« suis presque votre fille ? Et en même temps votre
« sœur ? Et en même temps votre amie ? Tout cela en-
« semble ! Ah ! que c'est bon de vous le dire ! » Puis
plus loin : « Au milieu de toutes mes alternatives
« d'espérance et de crainte, je pense à vous, et cela me
« rend le courage. »

J'ai parlé de ces accès de mélancolie. Ils naissaient,
à la fois, de son imagination, de ses pressentiments et
des douloureuses circonstances où sa vie était engagée.

« Avril 1831.

« Combien de femmes m'envient ! qu'ont-elles à
« m'envier ? c'est ce malheureux bonheur.

« Savez-vous ? Mon bonheur, c'est Juliette ! il est
« mort comme elle, et moi je suis Roméo, je le pleure.

« J'ai dans mon âme un ruisseau de larmes dont la
« source est pure, elles arroseront les fleurs de mon
« tombeau lorsque je ne serai plus de ce monde. Peut-
« être l'autre me donnera une récompense là-haut !

« Chassons les idées lugubres ! dans ce moment elles

« sont cadavéreuses... La mort est à la tête d'elles ;
« bientôt à la mienne...

« Pardon, je m'égare ; je pleure et me soulage en vous
« faisant dépositaire de mes plus secrètes pensées...

« Vous ne m'en voulez pas, n'est-ce pas ?

« Non, vous ne le pouvez.

« Venez me dire vous-même que vous me plaignez.

« Venez de suite. — Nous causerons, nous serons
« dans l'autre monde ; je fermerai ma porte à celui-ci. »

J'ai parlé de sa grâce d'esprit. Est-ce que les lignes
suivantes ne le disent pas mieux que moi ?

« Vous avez raison, apportez le journal allemand,
« nous le lirons ensemble, on n'est pas trop de deux
« pour lire un journal allemand. Par exemple, je crois
« bien que nous le laisserons sur la table, car nous
« ferons mieux que de le lire, nous en inventerons un,
« celui du petit monde où nous vivons... vous savez
« lequel. Adieu, je me sauve, je me sauve du papier,
« qui me tenterait d'écrire à n'en plus finir. Savez-
« vous pourquoi je suis si gaie ? C'est qu'il fait beau,
« et je sens qu'il fait printemps dans moi. »

J'ai parlé de sa vaillance. Voici une lettre écrite après
la révolution de Juillet :

« Norwich, août 1830.

« Je suis contente, fière, glorieuse, vaine au dernier
« point, d'appartenir aux Français ! (Elle était née à
« Paris.) Vous pleurez d'avoir été absent ? Il n'y a pas de

« jour que je ne sois désolée, moi femme, de n'avoir
« un œil ou une jambe cassée dans la mêlée de cette
« cause de l'âge d'or! N'est-ce pas le vrai âge d'or, que
« de se révolter pour sa liberté, et de rejeter, en même
« temps, même l'apparence d'une usurpation sur les
« autres peuples! Je vous assure qu'en pensant à Paris,
« je sens mon âme s'élever! Croyez-vous que des sol-
« dats armés de fusils auraient pu m'empêcher de crier
« vive la liberté? On me dit que tout n'est pas encore
« tranquille en France, écrivez-le-moi; j'irais! je veux
« partager le sort de mes frères! La charité bien ordon-
« née, dit-on, commence par soi-même! eh bien, les
« autres sont *mon soi-même.* Vive la France! »

A ces citations, que je pourrais prolonger, j'ajouterai
seulement un dernier trait qui complétera la ressemblance.

La violence de son père avait jeté bien souvent des
orages dans leur affection. Ils étaient brouillés mortel-
lement et séparés depuis longtemps, quand Garcia arriva
à Paris, déjà vieux et aigri. Une représentation s'orga-
nise au Théâtre-Italien. On lit sur l'affiche : *Otello.*
M. Garcia jouera Otello; Mme Malibran, Desdemona. J'assis-
tais à cette soirée. Je n'ai jamais vu attente publique
plus frémissante! Garcia paraît, puis la Malibran, puis
Lablache qui représentait le père. Fut-ce la présence
de sa fille? Je ne sais, mais le vieux lion retrouva tous
les sublimes rugissements de sa puissante voix! Elle-
même, électrisée, bouleversée par ce rapprochement

si plein de pathétiques amertumes, rencontra au premier acte, dans le délicieux duo avec la nourrice, dans le finale, des accents d'une mélancolie désespérée, qui étaient comme un écho anticipé de la romance du Saule, et, ce premier acte achevé, le rideau tomba au milieu d'un véritable délire d'applaudissements. Je dis le rideau tomba... n'allons pas si vite. Dans le finale, Otello est placé à la droite du spectateur, tout près de la coulisse, et Desdemona, du côté gauche, à la même place. Or, pendant que le rideau tombait, quand il ne fut plus qu'à une très petite distance du plancher, je vis les pieds de Desdemona se tourner vivement et courir vers les pieds d'Otello. Un rappel formidable éclate, le rideau se relève, ils paraissent ensemble, seulement ils étaient presque aussi noirs l'un que l'autre. En se jetant dans les bras de son père, elle s'était marbré le visage de la couleur d'Otello, sa figure à lui avait déteint sur elle! C'était comique! eh bien, personne n'eut la pensée de rire. Le public, à demi instruit, comprit ce que ce spectacle avait de touchant, ne vit pas ce qu'il avait de grotesque, et applaudit avec transport ce père et cette fille, réconciliés par leur art, par leur talent, par leur triomphe ; ils s'étaient embrassés en Rossini !

PARIS. — Impr. J. CLAYE. — A. QUANTIN et C⁰, rue St-Benoît.

www.ingramcontent.com/pod-product-compliance
Ingram Content Group UK Ltd.
Pitfield, Milton Keynes, MK11 3LW, UK
UKHW022140170726
13837UKWH00004B/1675